JN418627

푯대 하나 세운 바람

| 이도현 시조집 |

Orum Edition

오름시인선 · 23

푯대 하나 세운 바람

펴낸날 _ 2014년 4월 20일
지은이 _ 이도현
펴낸곳 _ 기획출판 오름
등록번호 _ 동구 제 364-1999-000006호
등록일자 _ 1999년 2월 25일
주소 _ 대전광역시 동구 대전로 815번길 125 2층 (삼성동)
전화 _ 042.637.1486
팩스 _ 042.637.1288
E-mail _ orumplus@hanmail.net

ISBN _ 978-89-90151-48-3

값 8,000원

오름 시인선 · 23

푯대 하나 세운 바람

■ 차례

제1부_아침을 열며

제2부_너희는 별이다

제3부_풋대 하나 세운 바람

제4부_바다가 있는 풍경

서시(序詩)

- 아홉 번째 시조집을 내면서

풋대 하나 세우기에 70년이 넘었습니다
산 넘고 강을 건너 이 길 찾아 달려온 바람
아직도 흔들리네요
나를 붙들어 주세요.

너는 누구인가? 물음에 답을 찾아
벌거벗고 한평생 숱한 밤 헤아리며
이 나이
남루로 서서
사는 뜻을 묻습니다.

내 여기 있나이다. 풋대 하나 세우면서
바장이고 허덕이고 그런 것 뛰어 넘는
바람꽃 웃으면서 사는 법
허심(虛心) 하나 키웁니다.

2014년 4월　野城 이도현

제1부

아침을 열며

오늘 하루

눈물을 펑펑 쏟는
자비로운
황혼녘

뒷산이 무너져 내려도
절망 않는
별처럼

그 황혼
곱게 물들인 섭리(攝理)
바라보며
사는 꽃.

아침을 열며

다섯 시면 잠이 깬다. 나이 든 탓일까
물 한 컵 마시고 주님기도문 외우면
굳었던 몸이 열리고
닫힌 영이 열리고...

현관문 두드리며
들어서는 조간신문
향기로운 잉크냄새
온갖 세상냄새
햇살을 담은 접시들이
식탁위에 빛난다.

당신께서 내려주신 은혜하는 귀한 선물
창가에 몰려든 햇살 웃음짓는 꽃이여
눈시울 뜨겁게 적셔
이 아침을 감사하네.

바람꽃

저 높은 벼랑 가에 반짝이는 풀잎 가에

황량한 들녘 끝 어디 메서 불어와

신들린 마술을 빚듯 궁전 한 채 짓느냐.

나는 너를 만나 흔들리며 꽃이 핀다

구중궁궐 깊은 산속 홀로 핀 하얀 미소

세상은 만나면서 사는 것 눈물 한 점 뜨거운 것.

달항아리*

하얀 마음으로
기도하게 하소서

텅 빈 가슴으로
사랑하게 하소서

둥글게
하늘문 열고
세상을 품게 하소서.

* 달항아리 : 조선 17, 18세기 경기도 광주 금사리가마와 분원가마에서 만든 백자(白磁).

자화상

예산, 삽다리 들녘
고향하늘 잊을손가

육남매 막내로 자라
외롭지 않았거늘

평생을
읽고 쓰면서
부끄러이 선 바람.

시조 몇 줄 쓰는 것
글인가 부끄럽고

달랑 둥지 한 간
사는 것 볼품 없고

그렇게
목마른 나날
햇살 한 점 벗하네.

시조, 그 맛

물 흐르듯 그 굽이 유장한 가락 속에

달빛을 꿰어 보고 새소리 엮어도 보고

때로는 요동치는 세상
색깔도 칠하면서

천 번
곡괭이질로
빛나는 광맥을 캐며

어머니 물레질처럼
명주 올 뽑아내듯

웅천 돌
검은 벼루에
먹을 갈아 쓸 것이어.

학(鶴)

얼마나 고운 결이냐
너처럼 늙고싶다

구만리 장천을 날아 온
인고의 장한 비행

지금 막
절정의 시간
우러르고 싶구나.

남은 세상 얼마인가
물들이지 아니하고

긴 목 하늘을 향한
화이부동(和而不同) 고고한 멋

그 자태
더럽힐까 보다
그림자도 물들라.

나의 작시법(作詩法)

1. 시가 되는지 아닌지
그것도 모르면서
책에서 거리에서
나는 시를 배운다
철모른 어린이처럼
밤마다 꿈을 꾼다.

2. 보름달을 그릴까
검은 구름 그릴까
홍운탁월(烘雲托月) 그 기법
구름으로 달을 받쳐
구만리 장천을 따라
빈 하늘도 남기네.

3. 읽고 다시 읽고
부족하면 고쳐 읽고
그러다 새벽이 오면
홰를 치는 닭 울음
일자사(一字師) 스승을 만나
한마당 새가 운다.

목마른 새벽

왜 이리 목이 마른가
별처럼 반짝이며
한 줄을 읽으면
두 줄 달아나는 행간

앉았다
다시 누웠다
반복하는 시계추여.

입안이 마르고
활자처럼 마르고
무엇인가 찾으려는
뒤척이는 이 갈증

새벽은
잠을 못 드는
그믐달만 홀로 뜬다.

말

1. 말에는 씨가 있어 그 씨가 살아나서

어느 땐 꽃이 피고 어느 땐 독이 피고

선악을 가리는 지혜 솔로몬의 검이 핀다.

2. 헐뜯고 저주하고 분노하는 말의 세상

말에서 힘을 빼고 색깔도 모두 빼고

차라리 인내의 돌*이 되어 깨어지면 어떠리.

* 페르시아 신화에 나오는 '생게 사브르(syngue sabour)' 곧 마법을 가진 돌. 모든 사람의 말을 다 들어주는 '인내의 돌'로 말의 무게를 감당치 못해 마침내는 돌은 깨어지고 말을 전부 털어 놓은 사람은 고통에서 해방된다고 하는 신화.

한글이 둥둥 뜬다

온 세계 방방곡곡 한글이 둥둥 뜬다

독창적인 글자라고,과학적인 글자라고

눈물이 그렁할 만큼 갈채로 뜨는 한류(韓流).

한글을 배우려고 다투어 줄을 서고

한국(韓國)을 찾으려고 공항을 메운 행렬

지금 막 지구촌이 들썩, 세계어로 둥둥 뜬다.

설중매(雪中梅)

정월 눈발 속에
순정 하나 벋은 가지

벙그는 젖가슴
저 암향(暗香)은
숨겨둘까

잠긴 문
빗장을 풀어
남창(南窓) 여는
고개짓.

백작약(白灼藥)

춘한을 알리는
성급한 매화가 아닐레

찬서리를 이기는
설국(雪菊) 또한 아닐레

봄뜨락
오월 햇살에
향을 여는 저 여유.

서둘지 않는 태(態)를 보아
다투지 않는 품(品)을 보아

중정의 뜰에 앉은
너그러운 도량을 보아

대가집
가문을 지키는
결이 고운 정부인.

부부

1. 아침식탁에
잘잘 끓는
뚝배기 장맛이다가

때로는
샐쭉 토라져
등 돌린 씀배맛이다가

저녁상
하얀 접시에 오른
금방 무친 머위맛.

2. 단 설탕 쓰디 쓴 커피
이율배반의 묘한 조화

남남끼리 만나서
연리지(連理枝) 한 몸 되어

평생을
곰삭이면서
학처럼만 여윈다.

까치집

써늘한 나무 끝에 둥지 엮어 매달린 삶
비가 오면 오는 대로 눈이 오면 쌓인 대로
사나운 태풍 몰아쳐도
무너지지 않는 성.

올해처럼 어렵다는 불경기 한파에도
눈빛 주고 받는 달동네 쪽방 한 칸
긴 겨울 이야기 나누며
사랑을 데우는가.

바람밭 머무르며 세상만사 바라보며
갖고싶은 부와 명예 청빈으로 다스리고
아무 것 들여 놓지 않은
텅 비인 무위(無爲)의 집.

입동 단풍

움켜 쥔 손을 풀 때
벌겋게 물이 든다

지난 날 돌아보는
눈시울이 뜨거워

겨울로 다가서는 빛
그 절정이 서럽구나.

푸르다 지쳐 더 붉은
마구칠한 붓질 한 폭

보아라 저 섞어치는
교향곡 제 5번을

온전히 벌거벗은 채
산자락을 흔든다.

노년의 뜰

1. 골인지점에 다달은
   장거리 선수의 눈빛

   교향곡 제4악장
   지휘봉 떨리는 선율

   서사시
   종결을 다듬는
   원고지의 눈물 행간.

2. 늦가을 능금빛처럼
   알맞게 익는 계절

   새 한 마리 날아와
   쉬어가는 뜨락에

   조용히
   현(絃)을 고르는
   저녁바람 한 자락.

유등천 백로 한 쌍(1)

- 비상(飛翔)

6월 장맛비에 냇물이 넘치더니

어디서 날아왔나 유등천 백로 한 쌍

복수교(福守橋)
난간 가에서
이 아침을 수놓네.

보게나 하얀 자태 선회하는 춤사위를

한 번 저어 예(禮)를 펴고 두 번 저어 낙(樂)이 난다

물소리
여울도 멈춰라
낙이불류(樂而不流) 군자행.

유등천 백로 한 쌍(2)

- 애무(愛撫)

여기는
푸른 초장
사랑의 눈빛을 보아

졸졸졸
흐르는 물가
깃 벌린 애무를 보아

당신이
보내 주신 한 쌍
금실지락(琴瑟之樂)
한마당.

유등천 백로 한 쌍(3)
- 작시(作詩)

다섯 시면 잠 깨어
상선약수(上善若水)
거니는 산책

먼 산 바라 상상하고
물을 찍어 천착(穿鑿)하고

동트는
언어를 꿰어
아침마다
시를 쓴다.

제2부

너희는 별이다

꽃의 반란

4월엔 차라리
외출하지
않는다.

저렇듯
입술이 타듯
반란하는 꽃의 향연

누군가
불을 지피는
저 황홀한
음모를.

이제는 내려놓는 바람

멀지도 않더이다
걸어온 길 바라보니

잡힐 듯 오색 무지개
일장춘몽 꿈이었네

이제는
내려놓는 바람
움킨 주먹 푸는 바람.

밤하늘 별을 보아라
얼마나 아름다우냐

집착을 벗어 놓고
무심(無心)이나 가꾸면서

남은 뜰
헛디딜까 보다
그런거나 챙긴다.

복수동(福守洞)의 아침

보문산에 동이 트면
기지개 켜는 마을

쟁기봉 하얀 까치
햇살을 쪼아 물고

유등천
은빛 피라미떼
하늘닿게 솟는다.

천변 걷는 인파
저 건각(健脚)을 보아라

혜천대 높은 종탑
아침을 기도하면

천천히
복을 받으며
문을 여는 복수동.

금오산 달빛

- 아내의 70회 생일을 기리며

고향달빛은 언제나 정을 끌고 젖어서 온다
야하지 아니하고 은은해서 고운 달빛
그 달빛 나지막하게 한평생을 엮었다.

신양(新陽)에서 만난 달빛 예산에서 둥지를 틀고
한밭 하늘 더 높이 연(鳶)을 띄운 3남매
하나님 뜻으로 세운 작은 궁전 은총이어!

새벽엔 하늘문 열고 저녁엔 등불을 밝혀
매화꽃 봄이 피고 시린 손끝 겨울을 데워
인고의 세월을 이고 온 당신은 하나님의 딸.

오늘 70회 생일 자랑스런 달빛 둘레
지윤, 정윤, 은채 믿음직한 눈빛을 보아요
오, 주님! 눈물 그렁한 날,은혜 가득 넘치는 날.

난꽃이 피던 아침

장마가
몰려가고
바람 솔솔 불던 아침

까치란 놈
날아와
불꽃처럼 울부짖고

아내는
향을 엿듣다
도마질도 멈췄다.

아내의 꽃밭

나는 너 앞에서
한없이 무력해 진다

뿌리도 잘라버린 채
분에 꽂은 마른 가지

거기서
생명이 솟는다
울고싶은 꽃이 핀다.

아내는 꽃을 피우는
마술사인가 보다

가끔은 물을 주고
도란도란 나누는 대화

그렇게
사랑을 먹고
아침마다 꽃은 핀다.

너희는 별이다

지윤, 정윤, 은채
목이 마른 별이다

멀고 먼 밤하늘
가까이 다리를 놓는

너희는
꿈과 사랑에 굶주린
반짝이는 초록별.

은채는 초등생
정윤은 중학생

지윤은 고등학생
그만그만 크는 눈빛

미래는
너희들 하늘
꿈꾸는 별이어라.

난꽃 한 잎 벙글던 날

2월 하순 어느 봄날 새 학기 시작할 무렵

귀염둥이 정은채 책가방 사주던 날

난꽃도 귀가 열리나 꽃잎 하나 벙글더라.

이젠 한글도 깨우쳐 문자도 보낼 줄 알고

유치원을 벗어나 초등학교에 입학한다며

보무도 당당한 모습 미더운 꽃 앞날을 보네.

연(鳶)

새벽마다 연을 띄운다 연초록 꿈을 담아
십자가 아래 무릎 꿇은 눈물어린 기도처럼
간절한 소망을 실어 아이들 연을 띄운다.

얼레의 실을 풀어
끊어질 듯 당기며

나보다는 더 높게
감긴 실 모두 풀어

하늘끝 먼 나라까지
부서지며
띄
운
다.

대추알

길고 긴 지난 여름
구증구포(九蒸九曝) 달구더니

처마 끝 대추알
터질 듯 붉었구나

아, 고놈 백일(白日)을 먹고
한여름을 엮은 솜씨.

가을을 불러오기
달빛도 지쳤어라

자지러질 듯 매미 울음
너 또한 몇 곡(曲)인가

붉은 볼 더더욱 붉게
그 울음 그냥 두렴.

풍금소리

해방 직후, 삽다리
공립국민하교 어린 시절

키가 작은 선생님
손끝에서 나오는

끊일 듯
이어지는 선율
가물가물 전해온다.

울창한 푸라타너스
목이 마르던 운동장가

맨 끝동 양철지붕 교실
창가에 앉아있던

숙이의
머리카락이
나부끼는 풍금소리.

그 시절 그 고목

그 시절 앞냇가엔 고목 몇 그루 서 있었지
동구밖 수호신처럼 꾸부정한 버드나무
한아름 전설을 둘러 거목으로 자랐지.

칠팔월 뙤약볕 허리 감은 둥치에
아홉 살 벌거숭이 살금살금 기어올라
끝없이 뛰어내리던 분홍빛 추억이여!

모래톱에 알몸 묻고 무지개 좇던 소년의 꿈
푸른 가지 그늘 사이 매미울음 낭자한 오후
여울목 숨은 모래무지 맨손으로 훔쳤다.

역사를 빼앗기고 역사를 되찾은 너
통한의 한 시대 상처를 동여맨 채
그 사랑 하나씩 둘씩 사라지고 없어라.

어머니의 마중물

어머니는 한 겨울에도
뜨거운 마중물이었다

얼어붙은 땅을 열고
육남매를 끌어 올린 꿈

아프게
퍼 올린 물은
장하신 눈물이었다.

적막한 긴 세월에
손마디 꺼칠한 채

자식 사랑에 목마르셨던
어머니의 거룩한 등불

그 등불
동구 밖 먼 길까지
마중 나와 있었다.

가을 편지

어머니 그립습니다
가을이 깊어갑니다

뒤란 장독대에서
장맛을 찍으시던 어머니

그 순간 노란 감잎 하나
머리 위로 떨어졌지요.

허리를 세우시며
이르시던 그 말씀

"오늘 아침 장맛은
홍시처럼 달더구나"

그렇듯 밝은 모습이
잔잔하게 전해옵니다.

아버지의 유산

아버지께선 나에게
족보 한 질 물려 주셨다
대대로 이어오는
천금보다 소중한 가보
그 가보
책장 상석에
가지런히 꽂혀 있다.

경주 이씨 알평(謁平) 자손
월성군파(月城君派) 37세손
표암공(瓢巖公)* 근엄한 씨족
벌족(閥族)한 가문이라고
당신은
재물 유산 대신
족보 한 질 주셨다.

* 경주 이씨 조상 알평공께서 하늘에서 내리셨다는 밝바위.
(경주시 기념물 제54호)

아내의 아가페 성경

삼성동 현암교 불빛
썰렁했던 시절에

난, 시를 쓴답시고
바람을 탐색하고

아내는 지극정성으로
성경 한 권 챙겼지.

주님의 기도문을
떠듬떠듬 외우면서

주일이면 차를 모는
난, 언제나 초보운전자

아가페 큰 글 성경이
머리맡에 놓여 있네.

숫돌

우리 집 수채에는
숫돌이 놓여 있었다.

아버지께서 물려주신
가문을 빛낸 숫돌

시퍼런 숫돌 가에는
가족의 끈이 매이고...

앵두꽃이 필 무렵
사랑은 더욱 익어

아침마다 꿈을 키워
날을 세우던 동기(同氣)들

지금쯤 어디 계실까
숫돌은 보이지 않네.

부모님 묘소 이장하던 날

가을 햇살 솔솔 내리는
임진년 시월 스무날
종산이 무너지고
산업단지가 세워지고
고옵게 잠드신 부모님은
안식을 깨워야 했다.

아버지를 생면하고
어머니를 재회한
북받쳐오르는 불효가
다시 뜨거워지는 시간
죽으면 한 점 흙이 되는
허무를 바라보며…

나는 죄인이 되어
고개 숙인 상주가 된다
먼 나라 잠에서 깨어
놀라지는 않으셨나요
안식처, 평강이 있는 그 곳
하늘나라로 다시 가신다.

삽다리 장날

삽다리 장날에야 사람 사는 맛을 아느니
정으로 국밥을 마는 박씨 아줌마 손맛이며
막걸리 한 사발 기울여 끼니를 잇는 최씨 영감

폈다 굽으렸다 온종일 허리를 가누면서
생선 파는 갯들 할매 좌판을 보시게나
허옇게 갈라진 손등에서 아린 세월을 읽는다.

역머리 황대장간 벌건 불꽃 이마에 튀고
어슬렁거리는 장돌뱅이 괜스레 바쁜 한낮
뻥튀기 놀란 연기에 아이들이 모여드네.

상추, 아욱, 근대 눌러 담은 봉다리엔
꽃산 과부댁 덤으로 주는 눈빛
미더운 셋째 아들놈 서울대학 갔다나.

쇠전머리 김서방 초장부터 울상이라
송아지 값 떨어졌다고 투덜대는 파장여
오일장 파장에서야 적막함을 아느니.

주목(朱木)으로 서서

먼 훗날 눈감으면 태백산 주목으로 서서
계절 따라 훠이훠이 바람 불러 노래 부르고
천제단(天祭壇) 운해를 솟아
하늘문에 닿으리.

겨울이면 눈꽃송이 하아얀 설원에서
이름 모를 철새들 품었다 보내주고
멀리서 독도 괭이갈매기
무운장구를 빌거야.

먼 훗날 눈감으면 주목으로 물들어
통일 이룬 왕의 곤룡포(袞龍袍) 눈물 섞어 짓는 날에
아, 그 날 죽어서도 천년
묵비되어 섰으리

제3부

풋대 하나 세운 바람

안경알을 닦으며

성경을 읽으며
안경알을
닦는다

금시 벗어놓은
도수 높은
저 안경

얼마큼
닦아냈을까
얼마를 또
닦을까.

당신은

시작도 끝도 없이 어디쯤 계신 가요

그냥 비어 있어 만질 수도 없네요

불현듯
가까이 다가설 듯
변죽만
울리는 바람.

푯대 하나 세운 바람(1)

왕복표가 없다네
한 번 뿐인 우리 인생

넌, 지금 여기서
무슨 소망 있는가

가지에 잠시 앉았던 새
떠나버린 빈자리.

죽어야 산다는 말씀
오직 그 순종 하나

오늘은 무릎을 꿇고
내일은 눈을 감고

신실한 생명줄 잡고
하늘문을 열 것이어.

푯대 하나 세운 바람(2)

정체 없는 바람입니다. 흔들리는 실존입니다.
몸으로 뒤척여도 영으로 간구해도
당신은 보이지 않네요
멀어서 닿지 않네요.

탕자가 돌아옵니다.
방황하는 길목에서

푸른 별빛 바라보고
당신만을 바라보고

외로운 푯대 하나를
정수리에 꽂습니다.

아브라함의 순종처럼 산을 오르는 이 새벽
바울사도에게 내린 참회의 빛을 주시나요
이제사 조금은 보일 듯
탕자를 깨우는 바람.

나를 연단하소서

오, 하나님! 나에게
눈물을 주소서

소나기처럼 퍼붓는
뜨거운 눈물을 주소서

이 세상
살아가는 이유를
고뇌하는 외로운 밤.

눈 먼 소녀의 지팡이로
강을 건너게 하소서

천 길 만 길 벼랑끝에
아슬아슬 매달린 바람

그 바람
왔다가 가는 이치를
깨우치게 하소서.

만추(晩秋)

멀리 보면 아름다운 산
가까이서
허허롭다

서두르지 않는 햇살
소요하는
가지 끝에

제철로
물드는 과일
눈물 한 점
뜨겁네.

나의 하나님

주일이면 차를 몰고
교회로 향한다

십년을 넘고 넘어도
만나지 못하는 당신

외롭게
바보가 되어
짝사랑만 반복한다.

나홀로 사모하기엔
너무나 크신 당신

비우면 보일까요
무릎을 꿇면 보일까요

보혜사(保惠師)
빛으로만 오시는
잡힐 듯한 먼 당신.

생명줄

1. 줄 한 번 잘 잡으면
별을 따기도 하고

곡예(曲藝) 한 번 잘 타면
천금을 얻어 낸다

이렇듯
눈동자를 굴려
연출하는 세상에

2. 혹한을 인내한
목련꽃이 더 희고

폭염을 이겨 낸
백일홍이 더욱 붉듯

눈동자
하늘 향한 꽃잎
그 아픔이 곱구나.

5월의 기도

- 어린이 날에

두 손 모은 새싹처럼
기도하게 하소서

반짝이는 풀잎 풀잎
천의무봉(天衣無縫)
천의 얼굴

달덩이
우리 집 아기
당신 함께 하소서.

5월은 푸른 초장
까르르 웃게 하소서

아이들 책가방속에
은혜의 햇살
가득 담아

먼 훗날
그 꿈 펼치도록
기름 부어 주소서.

제라니움

얼마나 뜨거우면
화심(花心)까지 태울까

창가에
붉은 향은
아내에게 돌려주마

그 꽃잎
열정(熱情)만으로
내 하루가
충만한 삶.

모과

과일전 망신은
모과가 시킨다고

그렇듯 못 생기고
맛까지도 떫지만

제몸이 썩어가면서
향을 뿜는 속내여!

지금껏 한세상을
겉으로만 살아왔지

노랗게 물이 들며
순정으로 살거나

죽어야 산다는 섭리
향 뿌리며 살거나.

5월 철쭉

풀빛과 꽃빛이
산속에서 만났다

유치원 어린이가
마구 칠한 크레파스 한 판

지금 막
아가와 엄마가
손목 잡고 깔깔댄다.

산허리 두른 병풍
타는 그림 보아라

풀빛인가 꽃빛인가
5월 절벽이 탄다

헌화가(獻花歌)*
수로부인(水路夫人)도 놀랜
철쭉꽃이 활활 탄다.

* 헌화가 : 신라 성덕왕때의 향가. 수로부인을 위해 소를 몰고 가던 노인이 철쭉꽃을 꺾어 바치며 부른 노래.

용서

얼마나 아픈 거냐
가슴속에 심은 대못

한 세상 살다 보면
사랑도 미움 되고

미움도 단비 내리듯
사랑으로 크는 나무.

이제는 놓아주자
묻어 둔 증오의 씨를

얽어맨 분노의 사슬
사슬에서 풀어주자

마파람 봄눈 녹이듯
얼싸안은 피에타*

* 피에타(pieta) : 성모 마리아가 예수의 주검을 안고 슬퍼하는 모습의 조각상. 미켈란젤로의 작품

동그라미

벌거벗은 채 해가 뜨고
벌거벗은 채 달이 진다

산은
선채로
천년을
그 자리네

여보게!
뭘 그리 서두나
가봐야
거기서 거긴걸.

갈대의 노래

욕정을 비워버린 투명한 가을처럼

눈물도 거두어 간 하아얀 사랑처럼

깡마른 바람에 날려 옛이야기를 읊는가.

초록빛 꿈을 실어 강물처럼 달려온 길

때로는 해가 뜨고 때로는 달이 지고

가을녘 비탈에 서서 빈 웃음만 날리네.

살다보면 그런게지 맑다가 흐리다가

손목잡고 걸으렴 하늘닿게 날아도 보렴

아, 오늘 눈부시게 좋은 날 울음 섞어 쾌청한 날.

십자가의 도
- 빛과 소금

1. 당신은 기름 부은자
   주님으로
   오셔서

   육신을 사르면서
   세상을 건지셨다

   죽어서
   광명을 찾은
   살아 계신 큰 등불.

2. 오직 일편단심
   짝사랑
   순정이여

   소리 한 번 못 치면서
   부서지고 녹아내리고

   끝내는
   소멸하면서
   맛을 내며 가는가.

솔개의 지혜

- 야곱의 하나님

70년까지 살 수 있다는 새중의 새 솔개야
40년을 사노라면 기력이 쇠잔한가
더 살까, 생을 포기할까 결정짓는 엄숙한 시간...

새는 암벽에 부딪쳐 투혼으로 피투성이가 된다
부리가 다시 돋고 날개가 다시 나고
그제야 갱생의 새가 되어 남은 하늘 더 나는 새.

옷을 바꾸어 입은
후반전에 강한 솔개야
한 번 펼친 창공
일전비행(一戰飛行) 불사(不辭)하라
날아라 벧엘*로 날아라
거기서 하나님과 만나렴.

* 벧엘 : 구약성서 창세기에 나오는 가나안 땅
야곱이 제단을 쌓은 곳. 곧 하나님의 집.

안행(雁行)

- 현암교회 부흥의 날에

창공을 가르는 새의
멋진 행렬을 보아라

혼자 날면 백리 가는 새
무리지어 천리를 간다

줄지어 충전하면서
먼먼 여로 길을 간다.

앞선 놈은 뒷자리에
상승기류 만들어 주고

뒷놈은 앞자리에
소리 내어 힘을 준다

보아라 꿈을 먹는 형제들
현암 하늘 수놓는 새.

선화공주(善化公主)님은

미륵사지석탑*에서 발굴된
금제사리봉안기야

어쩌자고 넌 '백제 무왕의 왕후-사택적덕(沙宅積德)의
딸이 재물을 희사해 가람을 창건하고 사리(舍利)를
봉안하여 왕실의 안녕을 기원했다'했는고
하면 '선화공주님은 남 모르게 애인을 두고서
서동서방(薯童書房)을 밤에 몰래 안고 간다'는
서동왕자와 선화공주의 국경을
넘은 사랑이야기*는 어디쯤 진실인고

오늘쯤 선화공주님은
웃고 있을까, 울고 있을까.

* 미륵사지석탑(彌勒寺址石塔) : 국보 제11호 전북 익산시 금마면 기양리 97소재. 2009년 1월 19일 석탑해체 보수과정에서 사리호(舍利壺)와 금제사리봉안기(金製舍利奉安記) 가 발굴됨.

* 서동요(薯童謠) : 신라 26대 진평왕때 서기 600년 백제 무왕(武王)작 향가(鄕歌). (삼국유사(三國遺事) 卷二 무왕조(武王條)

요지경(瑤池鏡)

빼꾸기는 제 집 한 칸 없어도
뱃장좋게 사는 놈이렸다

전세,월세도 살 형편이 없나? 숫놈은 씨만 뿌리고
유랑자로 떠나고, 암놈은 남의 둥지에
버젓이 알을 낳고 시치미 뚝 떼고, 뱃장좋게
노숙자 신세로 나앉는다.
한편 남의 새끼를 제 새끼인 양
따스한 체온으로 부화하여 밥 물어다
애지중지 키우는 모성애의 화신! 오목눈이의 천사같은
바보, 바보같은 진풍경을 본다.

세상은 참 요지경 속
눈가리고 아웅하는 빼꾸기

제4부

바다가 있는 풍경

밤송이

간밤
천둥번개
소리지르고
번쩍이더니

밤송이 하나 매달렸다
더위 먹고
천둥 먹고

올 가을
툭 불거질 알밤
손주 녀석
닮겠네.

안부(3)

경인년 7월 무덥던 어느 여름날
복수동 초록마을 502동 807호에
문패를 바꾸어 달며
안부편지 띄운다.

유등천 앞에 흐르고 쟁기봉 바라보며
풀벌레소리 기울여 햇살 엮은 둥지 한 간
머리칼 반백을 슬어
총총히 부린 짐아.

한평생 살아가며 몇 번 짐을 옮기는가
발자국 뒤돌아 보며 남은 하늘 묵상하며
주어진 번호표를 챙겨
이 사역을 감사하네.

그믐달

그믐달은 단명하여
아무나 볼 수 없다

정화수(井華水)를 긷는 새벽
어머니의
그믐달

어머닌
동쪽 하늘에서
그믐달로
다시 뜬다.

합죽선(合竹扇)

종이와 대가 만나
바람을 불러온다

한 번 불러 청풍(淸風) 일고
두 번 불러 쾌(快)를 젓고

그러다 달까지 뜨면
풍악 거는 여름밤.

오늘은 말복, 입추
폭염도 꺾이는 날

뜨거웠다 식었다
그 또한 굽이러니

멋지게 접었다 펴라
가는 더위 보내며.

어버이날의 눈물

해마다 이 날이 오면 요양원 문을 지키는 할머니
정갈한 속옷을 챙기고, 보에 싸서 챙기고
오늘은 아들이 올거다, 아침부터 마중을 선다.

이십년을 지켜 온 한결같은 기다림의 눈물
별을 헤아리듯 그리움은 출렁이고
끝내는 돌아오지 않는 버림받은 당신의 강.

아, 오늘 어버이날 쓰러져 누운 할머니
아들 이름 적힌 쪽지 손에 꼬옥 쥔 채로
누구라 이 슬픈 사연을 눈물 적셔 전하랴.

땅에 묻히는 워낭소리

이게 웬일인가? 땅에 묻히는 워낭소리
한파가 엄습하며 기승을 부리던 구제역
살처분, 차마 못 볼러라. 눈뜨고는 못 볼러라.

쟁기로 논밭 갈고
써레질로 모를 심고

달구지 밀고 끌고
풍요를 노래했지

송아지 너를 살찌워
아들 달 가르쳤지.

이게 웬일인가? 저 천진무구의 가엾은 눈물
품안에 자식 같은 널 절룸절룸 어찌 보내랴
마지막 저승 가는 길, 만장 들고 가는 길.

백내장 수술대 위에서

태풍이 북상하는 날
백내장 수술을 한다

당신께서 주신 눈
칠십 평생 지켜 주신 눈

드디어
낡은 동공 긁어내고
새 안구 바꾸어 낀다.

사각사각 집도하는
명 원장의 인술을 빌고

당신께 맡긴 여생
건강한 눈을 빌고

밝은 눈 세상도 밝은
영일(寧日)을 기원한다.

낙엽을 밟으며

인생은 한 번쯤
살아 볼만한 것이라고

노란 은행잎을 밟으며
허무, 한 잎을 밟으며

가을을
걷고 있었네
잃은 시간
줍고 있었네.

문방사우(文房四友)

1. 종이(紙)

너처럼 순수할까 물이 드네 정한 가락
만상(萬象)도 새소리도 가끔은 천둥소리도
그런 것 모두 다 품는 너그러운 하얀 도량.

2. 붓(筆)

한 번 그어 획이 되고 두 번 그어 글이 되고
때로는 일필휘지 산이 솟고 강이 흘러
세상을 들었다 놓는 마법같은 신통력.

3. 먹(墨)

얼마를 그을면 저 침묵 먹이 되고
얼마를 갈아내면 모락모락 향이 솟나
죽어서 꽃피는 묵향 천년 넘어 감도네.

4. 벼루(硯)

돌이면 다 돌인가 돌에도 격이 있어
저 기품 저 운치 만세보령(萬歲保寧) 돌일러니
그 오석(烏石) 바래지 않는 문향문채 정일품.

낮달

무력해 보여도 좋아
있는 듯 없는 듯

태양에 가려도 좋아
자신마저 잃은 듯

까아만 밤을 위하여
넌 잠시 숨은 게야

욕심을 키우면
체신이 작아진다고

마음을 비우면
세상이 커진다고

장자(莊子)의 그런 생각처럼
나비꿈을 꾸고 있네.

달을 품고 산다

1. 고개 들면 농월(弄月)이요
손 저으면 해월(海月)이네
몸속에 달 품으니
오장육부(五臟六腑) 박힌 달아

잠시도 쉬지 않는 맥박(脈搏)
가슴팍(胸部)에 뜨는 달.

2. 달은 시를 주고
깊은 밤 묵상을 주고
사랑을 속삭이다
눈물을 쏟아내다

때로는 매서운 달빛
비수처럼 꽂힌 달.

* 시작메모 : 우리 몸속은 여러 개의 달(月)로 꽉 차 있다. 五臟六腑의 한자 구조가 그러하다. 그러기에 喜怒哀樂의 정감이 달의 정서와 함께 한다. 달 속에 시가 있고, 사랑이 있고, 비수가 들어있다.

목척교(木尺橋)

새우젓장수 지게 지고
한(恨)을 건넨 징검다리

8·15 광복의 기쁨
이 다리로 넘치고

6·25 피난길 설움
눈물 섞어 건넜다.

어제와 오늘이 만나
역사를 다시 쓰고

동과 서 서로 만나
사랑이 흐르는 다리

오, 한밭 먼먼 꿈을 실어
즈믄 해를 섰거라.

뿌리공원

한밭 장수마을 충효 어린 산자락엔
성씨별 조형물이 하늘 닿게 서 있다
만물상 늘어 선 듯이
문패 달고 서 있다.

뿌리를 알아야 하늘을 섬긴다는
산빛도 어진 말씀 그 말씀을 우러러
만성교 다리를 이어
구름처럼 모인 행렬.

뿌리를 모르고 효를 어이 알며
나라를 모르고 충을 어이 알리
효문화 다시 켜든 등불
밝아오는 산자락.

열대야

삼복 허리, 폭염경보에
누가 불까지 지피나

자정을 넘겼어도
꺾이지 않는 콧대

여보게!
잠 좀 청하세
노여움을 풀게나.

달뜨는 처마 끝에
푹푹 찌는 가마솥

푸른 별빛 한 자락도
맥을 잃고 누웠다

홰 울음
세 번을 쳐야
기를 꺾는 열대야.

향일암(向日庵)* 에서

내가 왜 갑자기
벙어리가 되었는가

거대한 조망 앞에
사자후(獅子吼)도 기가 꺾여

금오산(金鰲山) 거북이처럼
웅크리고 앉았다.

누가 저 해를 품어
이 적막을 그렸는가

무량(無量)을 헹구어도
물소리는 한빛인가

도량에 목탁소리만
천해(天海)를 재우더라.

* 향일암(向日庵) : 여수 앞바다 돌산끝 금오산에 있는 암자.

바다가 있는 풍경

내 언제 다시 와서
이 파도소리를 벗하랴

갈매기소리 들어도 보고
당신 눈빛 마주 보고

바다를
베고 누운 채
하루 밤 자고 간다.

저기 묶인 통통배는
어디로 가는 걸까

무량한 파도를 넘어
갈매기는 오는 걸까

향일암
돌산 바위끝
다시 뜨는 아침놀.

제승당(制勝堂)*을 찾아서

한려수도(閑麗水道) 뱃길도 곱다
충무공(忠武公)의 바다러니
바다는 푸르고
솔빛은 붉더이다
사당엔 거룩하신 영정
높으신 뜻 받들고...

거북등대 바라보며
수루(戍樓)에 올라서자
우국충정 임의 호령
충천하는 저 물결
학익진(鶴翼陣)* 그 전술 다시 살아
한산섬을 울린다.

* 제승당(制勝堂) : 1593.7.15~1597.2.26일까지 3년 8개월간 이순신 장군이 작전을 지휘하고, 무기를 만들어 크게 승리한 곳. 통영시 한산면 두억리.

* 학익진(鶴翼陣) : 학 날개 모양의 전술 방법. 한산도 해전에서 충무공 이순신 장군은 13척의 배로 왜적선 73척을 유인하여 59척을 격침시키고 대승을 거둠.

아무르강*의 신화

- 몽골 유목민

먹고 자고 사냥하고
그 밖에 무엇하리

영하 30도의 유역
버림받은 빙하의 땅

말타고 설원을 달려
신화처럼 엮어간다.

강을 깨어 그물을 넣고
그물 건져 고기를 낚아

한 끼를 때우면서
또 한 끼 찾아 달려 간다

긍휼도 자비도 모른 채
먹이 찾아 달려간다.

* 아무르강: 러시아와 몽골 국경을 가르는 강 11월에서 4월까지 결빙함. 중국에선 '흑룡강'이라고 부름.

돌아오지 않는 문

- 고래섬, 노예의 집

하늘만 뻥 뚫린 바다
세네갈 고래섬엔

절룸절룸 끌려 온
노예의 집이 있다

검은 땅 슬픈 역사의 현장
불귀의 문이 있다.

언젠가는 이 문으로
팔려나갈 비운의 족속

두 눈을 꼬옥 감고
짐짝처럼 팔려가리

차라리 절망보다 더 검은
파도에 실려 가리.

눈물 그렁한 편지

- 그랜드 캐년에서

난 지금, 아리조나주 북부
거대한 협곡을 밟고 이 글을 쓴다오.

20억년전 하나님의 노하심으로 하늘의 창이 뚫려
홍수 심판이 일어나
미운 놈, 악한 놈, 죄지은 놈 모두 멸할 때
은혜받은 '노아의 방주'는 홀로 물에 떴음이라
저 살아남은 형형색색의 기암괴석, 깎아지른
절벽과 절벽 사이, 반짝이는 풀잎과 풀잎 사이
선량한 인디언들의 눈빛과 눈빛 사이

쫓겨난 천척절애(千尺絶崖)의 삶을
우두커니 보고 있소.

기원(祈願) 서린 바람의 시적 변용(詩的變容)
- 이도현 시인의 『푯대 하나 세운 바람』

유준호
전 가람문학회장

Ⅰ. 프롤로그

세상 만물을 보는 눈에는 육안(肉眼), 뇌안(腦眼), 혜안(慧眼), 심안(心眼), 영안(靈眼)이 있다고 한다. 이 가운데 시인은 사물(事物)과 사상(事象)을 심안(心眼)으로 보고, 영안(靈眼)으로 작품을 창작해야 한다고 한다. 심안(心眼)으로 보고, 영안(靈眼)으로 본 사물과 사상엔 신이(神異)가 있고, 섭리(攝理)가 깃들여 있으므로 이를 캐내어 작품을 빚는 것이 시인의 몫이라 한다.

시조는 천년 세월을 두고 뿌리를 내려 잎을 피우고 꽃을 피운 우리의 전통 문학이다. 시조는 난초와 같다. 난초는 은은한 향기와 멋이 있다. 그리고 약간의 꺾임이 있고, 알맞은 여백이 있다. 즉, 여백(餘白)의 미, 일탈(逸脫)의 미를 보여준다. 우리 시조가 그렇다. 시조는 정형이지만 시대의 흐름과 생각의 점

층(漸層)을 보여주기 위해 약간의 꺾음의 미를 지닌 여백의 문학이다. 틀은 예로부터 내려온 것을 기본으로 삼되 시대에 맞게 흐름을 타서 약간의 꺾임을 허용하는 문학이 시조이다. 그래서 시조를 두고 법고창신(法古創新: 전통으로 내려와 지켜야 할 틀은 지키되 내용과 표현은 새로움을 추구하여 표현함)하는 문학이라고 한다.

야성(野城) 이도현 시인이 법고창신(法古創新)한 시력(詩歷) 40년의 열매를 모아 아홉 번째 시조집 「풋대 하나 세운 바람」을 상재(上梓)한다. 이 시인(李詩人)은 '바람'으로 마음을 일으켜서 '바람'으로 영혼을 맑게 씻어 세상을 형상화(形象化)해 내고 있다. 시인은 무성(無聲)의 공간을 흐르는 시간을 짚어지고 거닐며 거기 절대 자연 속에 흐르는 율력을 느끼는 나그네라고 한다. 이 시인(李詩人) 시조의 율력은 '바람'이다. 이 시인에게 있어 '바람'은 만상(萬象)을 새롭게 하고, 만상에게 생명을 불어 넣으며, 그 만상(萬象)을 생성, 성장, 소멸하게 하는 크나큰 자연의 신(神)이다. 그래서 그 끈을 끈질기게 붙잡고 시조(時調)를 쓰고 있다. 이 시인의 '바람'은 애초 순수 자연에서 출발하였다. 그러나 지금은 인사(人事)의 터널을 거쳐 하나님 곁을 맴돌며 희원하는 성령(聖靈)의'바람'이고자 한다.

이 시인(李詩人)의 이번 시조집은 서시(序詩)에서도 밝혔듯이 '70년'을 '산 넘고 강 건너'아니 하늘을 채우며 '이 길을 달려온 바람'으로 '허심(虛心)' 하나 키워 심안(心眼)과 영안(靈眼)으로 80편의 작품을 써서 세상에 내놓았다. 이들 작품은'바람'

에서 신명(神明)을 얻어 시조의 눈을 틔우고 그 감흥을 천착(穿鑿)해 냄으로써 작품 속엔 신의 손길과 진솔한 자연 섭리가 깊숙이 흐르고 있다.

II. 관조(觀照)와 섭리(攝理)

〈제1부 아침을 열며〉의 시세계는 밝고 환하다. 그리고 자연의 섭리가 꿈틀댄다. 자연 속에서 길어 올린 시심(詩心)의 세계가 정밀(靜謐)하고 곱다.

"오늘 하루"는 그런 세계를 표현한 작품이다. 이 작품은 고희(古稀)를 넘긴 자신의 모습을 각인(刻印)하여 표현하고 있다. '꽃'을 보면 극단의 몇몇 사람을 빼놓고는 모두 아름답다고 한다. 이 작품에서 시적 자아는 인생의 꽃이 되어 피어 있다. 그것은 자연의 섭리를 먹고 피어난 꽃송이다.

눈물을 펑펑 쏟는
자비로운
황혼녘

뒷산이 무너져 내려도
절망 않는
별처럼

그 황혼
곱게 물들인 섭리(攝理)
바라보며
사는 꽃.

- 〈오늘 하루〉 전편

인생의 모든 잡티를 씻어내는 '눈물'로 정화(淨化)된 '황혼'에, 그것도 모든 것을 너그러이 용서하고 포용하는 '자비로운 황혼녘'에 어둠 속에 반짝이는 '별처럼'인생 황혼이 자연의 '섭리'를 머금고 '꽃'이 되어 살고 있다.

이 얼마나 아름다운 인생의 꽃인가? 공자(孔子)는 논어(論語)에서 고희(古稀)를 넘기면 종심소욕불유구(從心所慾不踰矩)라고 하여 마음이 하고자 하는 바를 따라 해도 하늘의 법도(=섭리)에 어긋나지 않는다고 하였다. 이 시인(李詩人)은 이제 칠십의 중간 고비를 넘기고 있다. 그래서 종심소욕(從心所慾)하여 '절망 않는 별'이 되어 살고자 하고 또 그렇게 사는가 보다. 이 시조는 지극히 묵시적(默示的)이고 천상(天上)지향적(指向的)인 삶의 자세를 보여주는 작품이다.

이 시인(李詩人)은 자연의 섭리(攝理)를 꿰뚫어 보는 혜안(慧眼)이 시조 한 수 한 수에 번뜩이고 있다. "바람꽃"에서 보면 어디서 오는지도 모르는 바람은 '벼랑'에, '풀잎'에 우리 눈엔 보이지 않는 '궁전'을 짓고, 시인은 '꽃'이 되어 그 궁전에서 '하얀 미소'를 날린다. 그래서 '세상'을 '눈물 한 점'으로 뜨겁게 산다고 하였다. 이것이 진정 삶이라고 시인은 속말로 외치고 있다.

1. 말에는 씨가 있어 그 씨가 살아나서
어느 땐 꽃이 피고 어느 땐 독이 피고
선악을 가리는 지혜 솔로몬의 검이 핀다.

2. 헐뜯고 저주하고 분노하는 말의 세상
말에서 힘을 빼고 색깔을 모두 빼고
차라리 인내의 돌이 되어 깨어지면 어떠리.

- 〈말〉 전편

말은 혀를 통하여 나와 사람의 마음을 보듬어 주기도 하고 상(傷)하게 하기도 한다. 그래서 사람들은 혀를 두고 「세치 혀는 칼날」이라고 하여 함부로 험(險)한 말로 사람에게 상처를 줌을 경계(警戒)하였다.

이 작품은 이언(俚諺) '말이 씨가 된다.' 구약성서(舊約聖書) 전도서 10장 '지혜자의 입의 말들은 은혜로우나 우매자의 입술들은 자기를 삼키나니'라는 말을 모티브로 쓰인 작품인 듯하다. 이 작품은 첫째 수에서 무형물의 유형물화로의 변이(變異)를 일으켜 '말'을 '열매'로 환치(換置)하여 '씨'를 품고 있다고 하고, 여기서 '살아나서'(=싹이 터서) '꽃'을 피우게 되는데 그 '꽃'은 향기롭게 피어나기도 하지만, '독'이 될 수도 있다고 표현하고 있다.

'꽃'이 선(善)이라면 '독'은 당연히 악(惡)이 되겠다. 그래서 말은 '솔로몬의 검(조모르드네거라는 페르시아 전설의 검으로 마력과 지혜를 지니고 있어 악마를 물리치는 존재)'이 된다고 하여 '말=솔로몬의 검'이란 등식을 만들어 말의 바른 역할을 표현하고 있다.

이에 비해 둘째 수는 '헐뜯고 저주하고 분노하는 말'의 횡포가 횡행(橫行)하는 풍토를 전제로 하여 '말'에서 이런 것들을 '힘' 또는 '색깔'로 보고 이를 빼내면 순수하고 향기로운 삶을 열어주는 지혜의 열쇠가 될 것이라 말하고 있다. 즉 '말'은 '인내의 돌'과 같은 역할을 해야 한다고 보고 있다. '인내의 돌'은 시인이 주(註)를 달아 놓은 대로 인간 고통의 해방을 도와주는 페르시아 신화에 나오는 지혜로운 '생게 사브르(마법의 돌)'이다.

첫 수의 '솔로몬의 검' 둘째 수의 '인내의 돌'은 이 작품의 주된 이미지가 된 시어(詩語)이다.

써늘한 나무 끝에 둥지 엮어 매달린 삶
비가 오면 오는 대로 눈이 오면 쌓인 대로
사나운 태풍 몰아쳐도
무너지지 않는 성.

바람밭 머무르며 세상만사 바라보며
갖고 싶은 부와 명예 청빈으로 다스리고
아무 것 들여놓지 않은
텅 비인 무위(無爲)의 집.

-〈까치집〉 첫째, 셋째 수

"까치집"은 둘째 수에서 구상화한 대로 '달동네 쪽방'에 사는 열악(劣惡)한 삶의 터전이다. 첫째, 셋째 수는 둘째 수를 비유(譬喩), 은유(隱喩)하여 표현한 것이다. '써늘한 나무 끝 ~태풍이 몰아쳐도'는 그대로 셋째 수 '바람밭'이고, 이 작품 '까치집'이 가진 속성이다.

잎 다 진 나뭇가지 사이에 모든 풍파(風波)와 마주한 까치집의 현상적(現象的)인 모습을 첫 수에서 표현하고 있다. 즉 매섭게 몰아치는 현실적 역경(逆境)인 세파(世波)를 이겨냄을 표현하고 있다. 그리고 셋째 수에서는 '부와 명예' 같은 세상 욕심을 모두 '청빈(淸貧)'으로 다스리며 안빈낙도(安貧樂道)하겠다는 강한 의지를 표출하고 있다.

장자(莊子)의 무위자연(無爲自然)을 연상케 하는 이 작품은 '까치집'을 '달동네 쪽방'으로 환치(換置) 기술(記述)한 솜씨가 볼 만하다.

III. 자연의 무한 변이(無限變異)

제2부 〈너희는 별이다〉에는 자연의 무한 변이가 돋보이게 나타나고 있다. 자연물을 자연물로 그대로 삽화 그리듯 작품을 쓰면 그것은 시나 시조의 필수 요건인 창작이 아니라 묘사이다. 시나 시조는 심안(心眼)이나 영안(靈眼)으로 보고 마음의 그림, 영혼의 그림으로 그려내야 한다. 시조는 옛날엔 육안(肉眼)으로 보이는 느낌의 세계를 그대로 그려냄으로 대부분의 작품이

사실화에 가까웠다. 그러나 현재는 심안(心眼), 영안(靈眼)에 비친 세계를 상상과 은유, 비유로 표현함으로써 많이 상징화, 추상화에 접근되어 있다. 이는 시대의 흐름과 무관하지 않다. 이를 실증해 주는 작품이 "꽃의 반란"이다.

4월엔 차라리
외출하지 / 않는다

저렇듯 / 입술이 타듯
반란하는 꽃의 향연

누군가
불을 지피는
저 황홀한 / 음모를…

- 〈꽃의 반란〉 전편

우리의 뇌리에 스치는 4월은 T. S. Eliot의 "황무지"에 '사월은 가장 잔인한 달 / 죽은 땅에서 라일락을 키워내고 / 기억과 욕망을 뒤섞고 / 봄비로 잠든 뿌리를 뒤흔든다.'는 시구(詩句)를 연상하게 하는 처절한 달이다. 우리의 현대사에는 4월의 피마디가 있다. 꽃 같은 젊은이가 정의(正義)의 깃발을 들었던 우리의 역사, 그것은 하나의 반란이지만 '향연(饗宴)'이었다. 이 시인(李詩人)은 젊은 날의 그 기억을 여기에 되살려 투영시킨 것이 아닐까.

겉으로 조용하나 속으로 들끓어 약동하는 '4월', '입술이 타듯' 간절하게 그리고 화려하게 확 피어난 꽃의 개화, 그것은 '꽃의 향연'이며, 자연이 일으킨 '황홀한 음모'가 아닐 수 없다. 그것은 '누군가(=절대자, 신, 하나님)'가 '지피는'불꽃이요, 상큼한 '음모'이다. '음모(陰謀)'라고 하면 어둡고 침침한 곳에서 은밀(隱密)히 모의(謀議)하여 꾸미는 나쁜 짓인데 여기선 그런 이미지가 아니다. 은밀한 신의 밀령(密令) 같은 것이다. 그래서 신의 밀령(密令)을 받았기에 이 시조에서의 '꽃'은 '황홀한' 모습으로 우리 앞에 등장한다. 그렇다. 4월의 꽃은 생동(生動)하는 젊은이를 닮아 빛나고 아름답다. 그래서 황홀하다. 이 작품은 종장 '불을 지피는 / 저 황홀한 / 음모를…'이 핵심이다. 이 작품에서의 '꽃'은 젊은이의 시적(詩的) 변이(變異)이다. 이렇게 형상화(形象化)된 이 작품 "꽃의 반란"은 역동성(力動性)과 패러독스(paradox, 逆說)가 돋보이는 보기 드문 절창(絶唱)의 시조이다.

가을을 불러오기/ 달빛도 지쳤어라. //
자지러질 듯 / 매미 울음 / 너 또한 몇 곡(曲)인가. //
붉은 볼 / 더더욱 붉게 / 그 울음 그냥 두렴.
-〈대추알〉 둘째 수

인과응보(因果應報)에 의한 자연의 변이(變異)과정(過程)을 표현한 작품으로 이 작품엔 청각(聽覺)의 시각화(視覺化)가 이루어져 공감각(共感覺)을 이룸으로써 더욱 시적(詩的) 감흥(感興)을 불러일으키고 있다. '가을'이 '달빛'을 불러오고, 그 달빛 마주보며 매미는 이제 떠날 때(=죽음)를 감지(感知)했는지 '자지러질 듯' 목청을 돋워 '곡(曲)'을 뽑아내니 그 울음 먹고 대추알은 붉었다고 인과적(因果的) 변이(變異)를 표현하고 있다. '매미'가 울음을 더 울수록 대추알은 더 붉어진다고 시인은 보고 매미가 실컷 울게 그냥 두라고 한다. 이것은 과학적 근거(根據)와는 거리가 멀지만 시적(詩的) 진실(眞實)이다.

첫 수에서는 구증구포(九蒸九曝)로 대추알이 붉으며 여름을 엮더니, 둘째 수에서는 매미 울음이 대추알을 붉히며 가을을 불러오고 있다. 시적 여유(餘裕)가 보이는 동양화적 작품이다.

Ⅳ. 용서(容恕)와 화해(和解)의 기원(祈願)

〈제3부 푯대 하나 세운 바람〉은 묵도(默禱)를 올리는 기도소리가 작품 편 편에 흐르고 있다. 하나님은 '당신'이 되어, 아니 '만질 수 없는 바람'이 되어 확실히 있으나 보이지 않는 존재로 다가서 있다. 그래서 이 시인(李詩人)은 "당신은"이란 작품에서 이를 간절(懇切)한 마음의 기도로 노래하고 있다. '시작도 끝도 없이 어디쯤 계신'지도 알 수 없고 '비어 있어 만질 수도 없는' 그 절대자. 그는 기원(祈願)의 '변죽만 울리는 바람'이라고 그 안타까움을 표출(表出)하고 있다.

> 왕복표가 없다네. / 한 번뿐인 우리 인생 //
> 넌 지금 여기서 / 무슨 소망 있는가. //

가지에 잠시 앉았던 새. / 떠나버린 빈자리.

죽어야 산다는 말씀 / 오직 그 순종 하나 //
오늘은 무릎을 꿇고 / 내일은 눈을 감고 //
신실한 생명줄 잡고 / 하늘 문을 열 것이어.
- 〈푯대 하나 세운 바람(1)〉 전편

현세(現世)의 삶 속에서 내세(來世)를 기원하는 기독교적(基督敎的) 믿음의 세계를 표현한 작품으로 이 시집의 표제시(標題詩)이기도 하다. 이 세상에 숨을 타서 사는 뭇 생명체는 현세와 내세를 오고 갈 왕복표(往復票)가 없다. 내세로 가는 무형(無形)의 표(票)만 시간표도 없이 주어져 있을 뿐이다. 그래 현세에 얼마나 머물지 아는 존재는 없으며, 현세에서 떠난 후 다시 현세에 와 두 번 살 수 있는 존재도 없다. 이 시조에서 시적 자아는 '신실한 생명줄'을 잡고 굳은 믿음으로 내세의 유토피아가 펼쳐질 하늘나라 '하늘문'을 열고 들어가기를 소망하고 있다. 하늘 문을 열고 들어간 거기는 '죽어서 산다는 말씀'이 실현되는 절대(絶對)의 세계이다.

우리 인생은 '가지(=현세)에 잠시 앉았던 새'로 이 '가지(현세)'에서 떠나면 허망한 '빈자리'만 덜렁 남게 된다. "푯대 하나 세운 바람"은 신실한 믿음의 징표(徵表)를 가지고 사는 인생이다. 여기서 '바람'은 소망을 이루고, 이루어주는 매개체이다. 즉 믿음의 또 다른 표현이기도 하다.

성경을 읽으며
안경알을 / 닦는다

금시 벗어놓은
도수 높은 / 저 안경

얼마큼
닦아냈을까
얼마를 또 / 닦을까.

- 〈안경알을 닦으며〉 전편

시력이 퇴화할수록 안경 도수는 올라가기 마련이다. 시력이 많이 떨어져 있는 이의 안경알은 동그라미가 겹겹으로 맴돌아 있어 현미경에 가까워 옆에서 보는 이마저 어지러울 정도로 도수가 높다. '도수 높은', '안경'은 자연상태에서 늙었다는 말과도 상통한다. 사람들은 나이가 들어서도 안경알을 통하여 세상을 보려고 매일 안경알을 닦는다. 하루에 몇 번을 닦아야 할 때도 있다. 여간 귀찮은 일이 아니다. 그러나 그렇게 해야 세상을 보니 어쩌랴. 이 시인은 '성경'을 보느라 '안경알'을 닦는다. 성경은 우리가 사는 가치와 이치, 삶의 진리가 숨어 있는 명서(名書)이다. 그래서 이를 통하여 인생을 배운다. 인생은 완성이 없다고 한다. 평생을 배우며 살다가는 것이 인생이라 한다. 그러니 한평생 '안경알'을 닦으며 살 수밖에 없다. 이 작품 속에서 '성경'은 인생의 지혜와 진리가 샘솟는 우물이고, '안경알'은 인생의 참된 진리와 삶의 지혜를 길어 올리는 두레박과 같은 존재로 보아야 한다. 그리고 '닦음'은 치열한 인생 역정을 표현하고 있다고 여겨진다. 이 작품은 조운의 시조 '구룡폭포'에 나오는 시상을 연상케 하고 있다. 구룡폭포 첫머리에 보면'사람이 몇 생(生)이나 닦아야 물이 되며 몇 겁(劫)이나 전화(轉化)해야 금강(金剛)에 물이 되나! 금강에 물이 되나!'란 구절이 나오는데, 위 작품은 이런 시상이 끄트머리에 배치되어 있다. 세월을 뛰어넘는 기원의 시간이 이 작품을 지배하고 있다. 요즘 와서 이 시인(李詩人)은 감정을 접고 무념(無念)을 기르는 시작(詩作)을 주로 하고 있다. 그의 시집이었던 '장자(莊子)의 바람'에 물들은 것일까. 이 작품의 종장엔 살아온 인생과 살아갈 인생이 대(對)를 이루어 표현되어 있다. 인생의 무게가 겹겹이 느껴지는 작품이다.

Ⅴ. 자연(自然)과 인사(人事)의 접목(接木)

〈제4부 바다가 있는 풍경〉은 자연과 인사가 투영(投映) 접목되어 있다. 인간도, 나무도, 돌도 자연이고, 눈에 보이는 만상(萬象) 모두는 자연이다. 그러나 만상으로서의 인간은 여타(餘他)의 만상을 거느리고 이를 부릴 수도 있는 능력을 갖추고 있으니, 이들과는 대립상으로 존재한다. 그럼에도 이 시인(李詩人)은 이런 자연물에 인사(人事)를 접목하여 시적 상관관계(相關關係)를 만들어 작품을 형상화 하고 있다. 이 시인(李詩

人)이 심안(心眼)으로 본 자연물 속엔 '손주 녀석'도 있고, 삶의 멋도 있으며, 삶의 지혜도 있다.

> 간 밤 / 천둥 번개 / 소리 지르고 / 번쩍이더니 //
> 밤송이 하나 매달렸다. / 더위 먹고 / 천둥 먹고 //
> 올 가을 / 툭 불거질 알밤 / 손주 녀석 / 닮겠네.
>
> - 〈밤송이〉 전편

인과(因果)의 연(緣)이 얽혀 사물이 탄생한다는 불교의 연기설(緣起說)을 연상하게 하는 작품이다. 이 작품은 어떤 면에서 서정주의 '국화 옆에서'의 시적 형상화 과정과 빼닮았다. 먹구름 속 천둥소리를 먹고 가을에 노오란 국화를 피워냈다고 서정주는 말하고 있었는데, 이 시인(李詩人)은 '천둥 번개'의 번쩍임이 '밤송이'가 되고, 이것이 '손주 녀석'에까지 연결되고 있다. '천둥'이라는 음(音)의 파동(波動)과 '번개'라는 전자기파(電磁氣波) 중 가시광선(可視光線)이 서로 협동하여 '밤송이'로 태어나는 시적 변이를 일으키고, '밤송이'는 다시 '더위' '천둥'이란 자연물의 힘을 얻어 '알밤'으로 태어난다. 그 '알밤'은 '손주 녀석'처럼 곱고 알차고 빛나는 존재가 된다. 서정주의 '국화꽃'이 '내 누님 같은' 원숙한 꽃이 되듯 '밤송이'는 알차고 귀여운 '손주'를 닮아 태어나고 있다. 인간애(人間愛)가 넘치는 작품으로 시적 상상력이 돋보인다.

> 종이와 대가 만나

바람을 불러온다

한 번 불러 청풍(淸風) 일고
두 번 불러 쾌(快)를 젓고

그러다 달까지 뜨면
풍악 거는 여름밤.

- 〈합죽선(合竹扇)〉 첫수

자연의 풍류(風流)가 물씬하여 조선 선비의 여유를 느끼게 하는 이 합죽선(合竹扇)은 우리나라에서 세계 최초로 만들어 사용한 우리 고유의 발명품으로 고려 때 송나라 사신으로 간 고려 사신(崔思訓)으로부터 알려지게 되었다고 송(宋)나라 곽약허(郭若虛)의 "도화견문지(圖畵見聞誌)"에 기록이 전한다. 이 부채는 손에 쥐고 다닌다고 '쥘 부채'접었다 폈다 한다 하여 '접부채'라고도 일컬어지는 것으로 우리 선조들이 지니고 다닌 멋의 상징물이기도 하다. 합죽선은 오래 전부터 조선 여인의 고운 자태와 우아한 여성적 선미(線美)를 담고 있어 선비들의 애장품이었다.

이 시인(李詩人)의 이 작품 '합죽선(合竹扇)'은 부채의 형성 모습과 역할 기능, 그것이 주는 느낌, 어울림과 분위기를 삼장(三章)에 나눠 표현하고 있다. '한 번 불러 청풍(淸風) 일고' '두 번 불러 쾌(快)를 젓고'를 중장에 배치하여 합죽선(合竹扇)의 삽상(颯爽)한 바람결과 거기서 느껴지는 상쾌함과 즐거움을 작품의 중심에 두고, 종장에서 풍류를 떠올리는 '달'을 불러 앉혀 유유자적(悠悠自適)하는 양반의 신선놀음의 멋을 선히 떠올리게 하고 있다.'월하(月下)에 풍악(風樂)소리' 거기엔 홍취를 돋우는 술 한 잔은 곁들여 있겠다.

1. 고개 들면 농월(弄月)이요 / 손 저으면 해월(海月)이네 //
몸속에 달 품으니 / 오장육부(五臟六腑) 박힌 달아 //
잠시도 쉬지 않는 맥박(脈搏) / 가슴팍(胸部)에 뜨는 달.

2. 달은 시를 주고 / 깊은 밤 묵상을 주고 //
사랑을 속삭이다 / 눈물을 쏟아내다 //
때로는 매서운 달빛 / 비수처럼 꽂힌 달.

- 〈달을 품고 산다〉 전편

이 시인(李詩人)은 시작 메모에서 「우리 몸속은 여러 개의 달(月)로 꽉 차 있다. 五臟六腑의 한자 구조가 그러하다. 그러기에 喜怒哀樂의 정감이 달의 정서와 함께 한다. 달 속에 시가 있고 사랑이 있고 비수가 들어 있다.」고 하였다.

달을 숭배의 대상, 그리움의 대상, 원망의 대상 등 감정적 느낌을 쓴 시들은 많이 있지만 이 시인(李詩人)처럼 달이 육신(肉身)의 도처에 뜨는 시를 쓴 이는 드물다. '臟'과 '腑'의 '月'은 한자적 진실로는 '肉'자(字)이지만, 이를 '달(月)'로 본 것은 시인의 시적 진실이다. 이를 모티브로 이 시인(李詩人)은 이 작품을 형상화 했다고 본다. 이 작품대로라면 우리 몸속엔 적어도 열 서너 개의 달이 박혀 뜨고 진다고 보아야 한다. 그러니

온몸엔 달이요, 온몸엔 달빛이 치렁치렁 넘치고 있을 것이다. 온몸이 온통 환하게 밝아 훤히 비칠 듯도 하다.

이렇게 첫 수에서는 달이 온 몸뚱이 여기저기에 뜨고 박혀 있다. 그 달들은 둘째 수에서 '시를 주고' '묵상을 주고' '사랑을 속삭이고' '눈물을 쏟아'낸다. 그러다 때로는 '매서운'모습이 되어 '비수처럼 꽂힌다.' 낭만과 정밀(靜謐)의 미(美)가 사랑의 감정으로 폭발하여 으스스한 달빛을 보게 된다. 흔히 으스름달밤엔 비수(匕首) 물은 귀신(鬼神)이 등장하는 옛이야기가 많은데 이 시의 시적 자아가 품은 달빛 속에도 그런 모습이 숨어 있나 보다.

VI. 에필로그

뭇 시조(시)는 보는 이의 마음의 눈에 어떻게 비치느냐에 따라 그 이해와 느낌의 정도에 차이가 있기 마련이다.

이번 작품집 「푯대 하나 세운 바람」은 한 마디로 인간미(人間美)가 스미어 있는 정조(情操)의 시조집이라 하겠다. 이 시인(李詩人)은 일관(一貫)되게 '바람'을 붙잡고 이를 천착(穿鑿)하여 작품을 창작하여 시집으로 묶어내고 있다. 이 시인(李詩人)의 '바람'은 처음 토속적(土俗的) 시어를 통한 자기 관조(觀照), 삶의 회귀(回歸)의 바람으로 출발하여 삶의 고뇌, 자아의식 충돌의 곡진(曲盡)한 서정의 바람을 거쳐 무위자연(無爲自然)의 바람, 자연 순응(順應), 자연 귀의(歸依)의 바람을 일으키더니, 달관(達觀)된 관조(觀照)의 바람, 자연을 무한 변이시

키는 바람, 용서와 화해, 기도가 깃든 바람, 자연에 인생을 적응한 바람으로 시바람[시풍(詩風)]을 일으켰다.

이 시인(李詩人)은 현재 국제펜한국본부 대전광역시위원회 회장을 맡아 문학의 리더로서 바쁜 나날을 보내고 있지만 그 틈틈이 주옥같은 시조 80편을 창작하여 우리 앞에 선보이고 있다. 편편에 인생이 스며 있고, 작품 곳곳에 기독교적 성령(聖靈)을 기구(祈求)하는 자세가 표출되어 있다.

이번 이 작품집에 나타난 이 시인(李詩人)의 작품(作品)경향(傾向)을 보면, 첫째 무형물(無形物)의 유형물화(有形物化)가 이루어지고 있으며 관조(觀照)와 섭리(攝理)에 의한 작품 생산이 이루어지고 있다.

둘째 자연의 무한변이(無限變異)가 있다.

셋째 용서와 화해의 기원(祈願)이 작품 흐름의 중심에 자리 잡고 있다.

넷째 자연에 투여(投與) 접목(接木)된 인생이 있다.

이 시인(李詩人)은 앞으로 더욱 쌓인 연륜을 거름 삼아 자연물과 사상(事象)을 심안(心眼)과 영안(靈眼)으로 천착(穿鑿)하여 그것들의 섭리와 변이를 시적으로 변용(變容)시켜 빛나고 고운 열 번째 시조집을 세상에 멀지 않은 날 선보여 주리라 믿는다.

- 새울 기슭 에서

부 록

열사흘 달빛

신양중학교 교가

독도

봉안당 비문

순직교도관 추모시
(대전교도소 내 위령탑)

열사흘 달빛

작사 이도현
작곡 이경아

교 가

이 도 현 작사
新陽中學校 윤 상 구 작곡

박 봉 산 솟 은 - 정 기 이 어 받 아 서
신 양 천 맑 은 - 물 이 굽 이 감 돌 아

진 실 과 근 면 - 으 로 배 워 나 가 는
영 원 히 뻗 어 - 나 갈 배 움 의 전 당

내 일 의 태 양 - 이 다 씩 씩 한 모 교
역 사 의 창 조 - 자 다 씩 씩 한 건 아

펼 쳐 진 새 역 - 사 의 앞 장 을 선 다
참 다 운 마 음 - 으 로 이 끌 어 가 자

오 오 길 이 빛 날 신 양 중 학 교

독도(獨島)

이도현

바다가 열리면서
깃발 하나 세웠다
천 길 해저를 뚫어
뽑어 올린 백의(白衣) 넋을
해와 달, 빛무리 섞어
발효한 호흡이러니。

바람 그 뼈마디
우뚝 선 바위섬
수평선 갈매기 떼
유역마리 어족(魚族)까지
한반도(韓半島) 조국(祖國)을 새겨
어둠 밝힌 등대여。

이제 더 뜨거운 피
내 사랑 내 품이여
동해(東海)、 잔잔한 물결
아리랑 저 노래를
억겁(億劫)을 감싸 안으며
독도(獨島)、 너는 우리 섬。

慶州李氏 月成君派
揷橋 槎村 宗親會
조상님 봉안당을 마련하면서...
여기 고운 햇살 솔솔 내리는 꽃산자락 양지바른 선영에
경주이씨 22세손 사헌부 집의공 계(季)자 손(孫)자
배(配) 숙인(淑人) 창녕(昌寧) 성(成)씨 내외분을 비롯하여
그 후손을 한 자리에 모시오니 조상님의 빛난 얼과 가르침을
되새겨 가문을 더욱 빛내고 대대손손 문중의 화합과 번영
그리고 평화가 영원히 함께 하기를 기원합니다.
2013년 4월 6일
37세손 道鉉(鍾道) 글짓고
38세손 종친회장 敏甲(敏雨)

봉안당 비문

殉職矯導官追慕碑

구봉산 남녘 하늘을 바라
고운 햇살 솔솔 내리는
여기, 대정동 교화의 뜰에
순직한 교도관, 영령 들의 뜻을 새겨
정성어린 추모의 비 세우나니
바람 불고 눈비 오는 먼먼 날에
그 이름 깎이지 않고
굽은 사람 바르게 인도한 거룩한 정신
흔들리지 않고
때 묻은 손 씻어 주신
눈물겨운 공훈을 기려
저 찬연한 별빛으로
길이 빛나게 하소서
크신 은총속에 고이 잠드소서.

2004년 10월 29일 추모시 이도현